dagrau'n disgyn…

…golwg ar wledydd sy'n datblygu

Colin Isaac

ISBN 1 85644 424 4

 Y Ganolfan Astudiaethau Addysg, Aberystwyth

Hawlfraint y ffotograffau: Mike Goldwater/Network - tud. 4 (chwith); Shehzad Noorani/Still Pictures - 4(dde), 5(ch), 5(dd), 23, 30(ch); The Guardian © - 7 (map); Associated Press/Javier Cassella - 6(dd); Associated Press/Javier Galeano - 6(ch); Associated Press/Oswaldo Paez - 7(dd); Rebecca Mills - Christian Aid/Still Pictures - 8(ch); Jose Kalpers/Still Pictures 9(ch); Kevin Schafer/Still Pictures 9 (dd); Mark Edwards/Still Pictures - 10, 12(ch), 12(dd), 14(ch), 15(dd), 18(dde uchaf), 20(ch), 20(dd), 22, 26, 27, 28(ch); Jorgen Schytte/Still Pictures - 11, 24(dd), 31(dd);Julio Etchart/Still Pictures - 14(dd); John Maier/Still Pictures - 15(ch), 17(dd), 28(dd); Banc y Byd - 16 (map); Ron Giling/Still Pictures 17(ch); Paul Harrison/Still Pictures 18(ch), 18(dde isaf); E. Duigenan - Christian Aid/Still Pictures - 21; Carlos Guarita/Still Pictures - 24(ch); Hartmut Schwarzbach /Still Pictures - 30(dd), 31(ch).

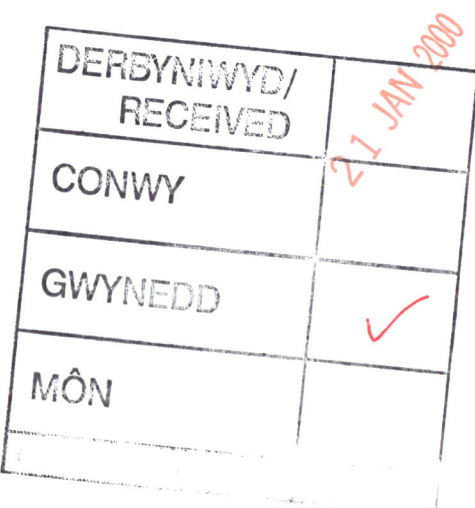

Argraffiad cyntaf: Medi 1999

Cyhoeddwyd gan:
Y Ganolfan Astudiaethau Addysg,
Prifysgol Cymru,
Yr Hen Goleg,
Aberystwyth
SY23 2AX
Ffôn: 01970 622128

2088331

Argraffwyd gan Argraffwyr Cambria

Cydnabyddiaethau

Diolch i'r canlynol am eu cefnogaeth a'u cymorth: Graham Thomas, Glyn Saunders Jones, Cymorth Cristnogol, Oxfam, Tearfund, Canolfan Gymreig Materion Rhyngwladol, The Guardian, Still Pictures, Associated Press a Network.

Dylunio a chlawr: Ceri Jones

Cynnwys

Tud

Bangladesh yw'r delta mwyaf yn y byd, gyda thair afon – y Ganga, y Brahmaputra a'r Meghna – yn cyfuno i'w ffurfio. Mae'r afonydd hyn yn gorlifo'n gyson ac mae'n arferol i draean o Bangladesh fod o dan ddŵr adeg y monsŵn. Bob blwyddyn pan fydd yr afonydd yn gorlifo caiff y pridd ei gyfoethogi a'r stoc pysgod ei adnewyddu. Felly mae'r llifogydd yn holl bwysig i Bangladesh am resymau economaidd ac ecolegol. Ond pan fydd y gorlifo'n mynd y tu hwnt i lefelau arferol y monsŵn fe geir problemau.

Mam a merch yn cerdded drwy'r dŵr yn Dacca adeg y llifogydd yn 1998 i gael dŵr glân

Collodd mwy na 700 o bobl eu bywydau yn sgil y llifogydd yn 1998 a gwnaed mwy na 30 miliwn o bobl yn ddi-gartref. Dinistriwyd y cynhaeaf reis a bu farw llawer iawn o anifeiliaid oherwydd newyn a chlefyd.

Yn 1998 cafwyd y llifogydd gwaethaf o fewn cof, gyda thri chwarter y wlad a hanner y brifddinas, Dacca, o dan ddŵr. Parhaodd y llifogydd hyn yn hir iawn o'u cymharu â llifogydd yn y gorffennol a golchwyd ymaith lawer o'r gwaith datblygu a wnaed yn y blynyddoedd blaenorol.

Merch ifanc yn eistedd ger y drws i'w chartref yn Dacca – yr unig ffordd i fynd i'r farchnad yw nofio

Roedd yna brinder bwyd a dŵr yfed i'r bobl ac yn Dacca difrodwyd y system garthffosiaeth, gan greu peryglon mawr i iechyd. Bu farw mwy na 250 o bobl ledled y wlad oherwydd dolur rhydd. Effeithiodd dolur rhydd a dysentri ar lawer iawn o bobl am iddynt orfod cerdded drwy'r dŵr budr a'i ddefnyddio i'w golchi eu hunain a'u dillad. Gan i ddŵr y llifogydd fynd i mewn i ffynhonnau'r dŵr yfed, cafwyd prinder dŵr yfed ffres. Clefydau eraill ymhlith y bobl oedd hepatitis, teiffoid, malaria, twymyn a chlefydau'r croen.

Casglu dŵr o ffynnon – roedd cael hyd i ddŵr yfed yn broblem fawr adeg y llifogydd

Gweithwyr ffatri yn Dacca yn dychwelyd o'u gwaith

Oherwydd difrod i filoedd o gilometrau o ffyrdd a channoedd o bontydd doedd hi ddim yn bosibl teithio ar y ffyrdd mewn sawl ardal. Bu'n rhaid defnyddio awyrennau i gludo bwyd i'r mannau hynny a oedd wedi eu datgysylltu â gweddill y wlad.

Cafwyd cynnydd sylweddol ym mhrisiau bwydydd hanfodol fel reis, blawd a halen. Roedd rhai masnachwyr anonest wedi manteisio ar y sefyllfa, gan gasglu stoc helaeth o rai bwydydd a gofyn am deirgwaith neu bedair gwaith y pris arferol.

Gweithgareddau

1. (a) Pa broblemau a achoswyd i bobl Bangladesh gan lifogydd 1998?

   (b) Beth yn eich barn chi y gellid ei wneud i geisio datrys y problemau hynny?

   (c) Beth y gellir ei wneud i geisio rhwystro problemau tebyg rhag codi yn y dyfodol?

2. Pan geir llifogydd fel y rhai yn Bangladesh yn 1998, bydd Oxfam, Cymorth Cristnogol ac asiantaethau cymorth eraill yn ceisio rhoi cymorth ar unwaith.

   (a) Pa fath o gymorth y byddan nhw'n ei roi yn union ar ôl i'r trychineb ddigwydd?

   (b) Pa fath o gymorth y byddan nhw'n ei roi wedyn i helpu'r bobl i ddychwelyd i fywyd normal?

Mae cramen y ddaear yn cynnwys saith prif blât. Os bydd platiau'n symud yn erbyn ei gilydd fe geir daeargryn. Mae'r symudiad sydyn hwn yn y creigiau o dan wyneb y ddaear yn rhyddhau egni mewn tonnau sy'n symud trwy'r creigiau hynny gan achosi i'r ddaear grynu. Mae'r tonnau'n ehangu o ganolbwynt y daeargryn ar gyflymder o sawl cilometr yr eiliad. Bydd dwysedd y daeargrynu yn llai a llai po bellaf y bydd o'r symudiad cyntaf. Yn gyffredinol, dilynir daeargryn mawr gan nifer o ôl-gryniadau (*aftershocks*).

Mae tua 90% o ddaeargrynfeydd y byd yn digwydd mewn cylchfan sydd o amgylch y Cefnfor Tawel. Mae'r ardal nesaf o ran nifer y daeargrynfeydd yn ymestyn i'r dwyrain o Fôr y Canoldir drwy Twrci, Iran a gogledd India.

Ardal breswyl yn Armenia a ddinistriwyd gan ddaeargryn yn Ionawr 1999

Mesurir maint daeargryn yn ôl graddfa Richter, sy'n rhoi mesur o gryfder y daeargryn neu'r egni a ryddheir ganddo. Dyma'r dosbarthiadau maint:

8 neu fwy	Mawr iawn (*Great*)
7 – 7.9	Mawr (*Major*)
6 – 6.9	Cryf
5 – 5.9	Canolig
4 – 4.9	Ysgafn
3 – 3.9	Bychan (*Minor*)

Mae pob cynnydd o 1 yn y maint ar raddfa Richter yn golygu bod tua 30 gwaith cymaint o egni yn cael ei ryddhau, e.e. byddai daeargryn sy'n mesur 5.6 ar raddfa Richter yn rhyddhau tua 30 gwaith cymaint o egni â daeargryn sy'n mesur 4.6. Os bydd daeargryn yn mesur llai na 2.5 go brin y bydd pobl yn ei deimlo.

Corff un o'r bobl a fu farw yn y daeargryn yn Armenia yn gorwedd ger adeiladau a ddinistriwyd

Ym mis Ionawr 1999 bu daeargryn yn Colombia a fesurodd 6 ar raddfa Richter, un o'r rhai mwyaf a gafwyd yn y wlad honno. Dinas Armenia ddioddefodd fwyaf. Dinistriwyd mwy na hanner y ddinas a lladdwyd mwy na mil o bobl.

Ym mhrifddinas Colombia siglwyd adeiladau gan ôl-gryniadau er bod y ddinas honno 140 o filltiroedd i ffwrdd o'r uwchganolbwynt – y pwynt ar wyneb y ddaear sydd yn union uwchben canolbwynt y daeargryn.

Bachgen a anafwyd yn y daeargryn yn Armenia yn cael ei gludo ymaith gan berthnasau

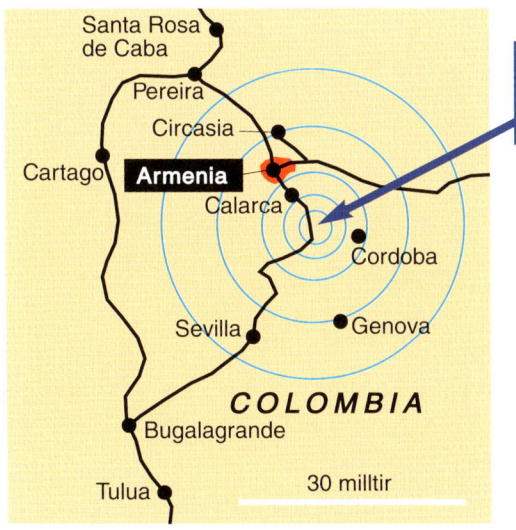

Ardal Quindio oedd uwchganolbwynt y daeargryn.

Yn Armenia cwympodd llawer iawn o'r adeiladau gan gladdu cannoedd o bobl o dan y rwbel. Torrwyd cyflenwadau dŵr a thrydan. Dinistriwyd ysbytai a bu'n rhaid trin llawer o bobl mewn mannau anarferol gan gynnwys llawr bysus. Trowyd ysgolion a meysydd chwarae yn fannau i aros dros dro ac yn lleoedd i gadw cyrff y meirw.

Disgrifiwyd yr olygfa a welwyd o awyren uwchben y ddinas fel a ganlyn: 'Mae Armenia fel bwrdd gwyddbwyll. Y sgwariau gwyn yw'r mannau lle na ddigwyddodd dim a'r sgwariau du yw'r mannau lle cwympodd popeth.'

 ## Gweithgareddau

1. (a) Ym mha gyfandir y mae Colombia?
   (b) Enwch ddwy wlad sy'n ffinio ar Colombia.
   (c) Beth yw enw prifddinas Colombia?

2. Dyma a ddywedodd gwraig o Armenia a gollodd ei chartref yn y daeargryn:
   'Cwympodd popeth o'm cwmpas. Doeddech chi ddim yn gwybod p'un ai i redeg neu i sefyll yn llonydd. Daeth y cyfan i lawr.'

   Ymchwiliwch i effaith daeargrynfeydd. Yna lluniwch adroddiad cryno yn nodi sut y gellid lleihau rhai o effeithiau daeargrynfeydd.

3. Dychmygwch eich bod yn newyddiadurwr yn ardal Armenia adeg y daeargryn. Ar sail y wybodaeth a roddir yma ac unrhyw wybodaeth arall y medrwch ei chasglu, ysgrifennwch adroddiad papur newydd am yr hyn a welsoch yn Armenia wedi'r daeargryn.

4. Dychmygwch mai chi yw llywodraethwr dinas fel Armenia sydd wedi dioddef yn enbyd o ganlyniad i ddaeargryn. Rhestrwch bethau y bydd angen eu gwneud i helpu'r ddinas:
   (a) yn y tymor byr;
   (b) ar gyfer y tymor hir.

Ystyr llosgfynydd yw agoriad yng nghramen y ddaear lle mae lafa, lludw a nwyon yn cael eu rhyddhau o bryd i'w gilydd. Mae mwy na 500 o losgfynyddoedd 'byw' ar y ddaear, gyda llawer ohonynt yn rhan o'r 'Cylch Tân' sydd o gwmpas y Cefnfor Tawel.

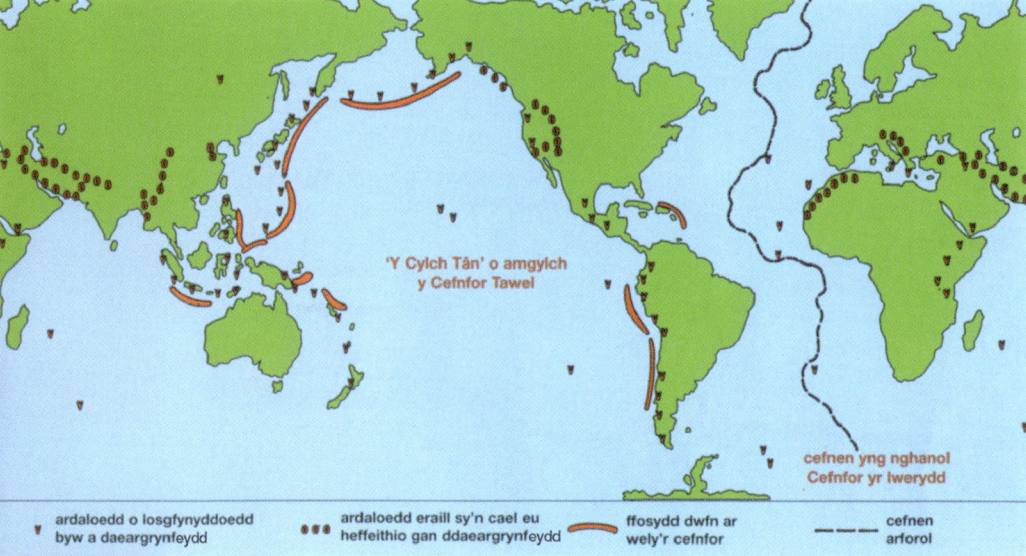

'Y Cylch Tân' o amgylch y Cefnfor Tawel

cefnen yng nghanol Cefnfor yr Iwerydd

▼ ardaloedd o losgfynyddoedd byw a daeargrynfeydd	●●● ardaloedd eraill sy'n cael eu heffeithio gan ddaeargrynfeydd	~ ffosydd dwfn ar wely'r cefnfor — — cefnen arforol

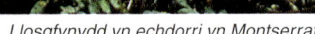

Llosgfynydd yn echdorri yn Montserrat

Gall llosgfynyddoedd fod yn beryglus iawn, gydag echdoriadau (*eruptions*) yn gyrru llwch a lludw neu lafa i lawr y llethrau neu nwy i'r awyr yn y cyffiniau. Yn 1997 cafwyd echdoriadau o'r llosgfynyddoedd yn Montserrat, un o ynysoedd y Caribî. Ym mis Mehefin echdorrodd llosgfynydd Mynyddoedd Soufriere gan ddinistrio dwy ran o dair o'r ynys a lladd 19 o bobl. Dinistriwyd y brifddinas, Plymouth, a sawl tref arall a bu'n rhaid i fwy na hanner y trigolion ymadael â'r ynys. Gwaethygodd y sefyllfa pan echdorrodd llosgfynydd arall, Chance's Peak, ychydig ddiwrnodau yn ddiweddarach.

Ni chafwyd echdoriadau ar yr ynys cyn 1995, ond yna cynyddodd y gweithgaredd folcanig ac yn 1997 cafwyd yr echdoriadau mawr. O ganlyniad roedd dwy ran o dair o'r ynys yn ardaloedd nad oedd modd byw ynddynt. Gan nad oedd trigolion yr ynys i gyd yn fodlon symud i wledydd eraill i fyw, penderfynwyd datblygu'r traean a oedd yn weddill, sef ardal y gogledd.

Nid dyma'r unig enghraifft o bobl yn dymuno aros mewn ardal sydd â llosgfynydd gerllaw. Yn wir, er gwaethaf y peryglon mae nifer o bobl yn fodlon byw ar lethrau llosgfynyddoedd. Y rheswm yw bod y pridd yno mor ffrwythlon fel y gall ychydig o dir gynhyrchu cnydau toreithiog.

Echdoriad llosgfynydd Arenal yn Costa Rica

Echdoriad llosgfynydd Nyamulagira yn y Congo

Mae'r peryglon, fodd bynnag, yn real ac o bryd i'w gilydd fe geir trychinebau mawr. Yn 1986, er enghraifft, echdorrodd llosgfynydd Nevada del Ruiz yn Colombia, De America, gan achosi i leidlif – cymysgedd o ludw folcanig, pridd a dŵr – lifo drwy dref Armero. Dinistriwyd 90% o'r dref a lladdwyd 20,000 o bobl.

 ## Gweithgareddau

1. (a) Enwch dri llosgfynydd ar wahân i'r rhai a enwir yn yr Uned hon.
   (b) Ym mha wledydd y mae'r llosgfynyddoedd a enwyd gennych yn (a)?
   (c) Pryd oedd y tro diwethaf i'r llosgfynyddoedd hynny echdorri? Pa ddifrod a wnaed? A gollodd pobl eu bywydau?

2. (a) Lluniwch fap o ynysoedd y Caribî, gan ddangos ym mha le y mae Montserrat.
   (b) Enwch dair ynys arall sy'n agos at Montserrat.

   (c) Ymchwiliwch i'r sefyllfa yn Montserrat oddi ar 1997. A gafwyd echdoriadau eraill? Os felly, faint o ddifrod a wnaed? A gollodd pobl eu bywydau?
   (ch) Mae rhai o drigolion Montserrat yn ansicr a ddylen nhw symud o'r ynys ai peidio. Ar sail eich ymchwil rhowch gyngor iddynt.

3. Dychmygwch mai chi yw arweinydd y llywodraeth mewn gwlad sydd â llosgfynyddoedd 'byw'. Pa drefniadau y byddech yn eu gweithredu er mwyn ceisio diogelu bywydau'r bobl sy'n byw gerllaw'r llosgfynyddoedd?

Diffyg neu brinder glaw sy'n achosi sychder. Diffeithdir neu ardaloedd sy'n ffinio ar y diffeithdir fydd yn dioddef y sychder mwyaf bob amser. Mae'r sychder yn achosi caledi i'r bobl sy'n byw yno gan ddifetha'r gweirdir ar ymylon y diffeithdir.

Un o'r ardaloedd sy'n dioddef waethaf o sychder yw'r Sahel ar gyrion diffeithdir y Sahara yn Affrica (ystyr Sahel yw 'ymyl'). Ers cyfnod maith mae sychder parhaus wedi effeithio ar yr ardal hon (gweler y map gyferbyn).

Gwledydd y sychder

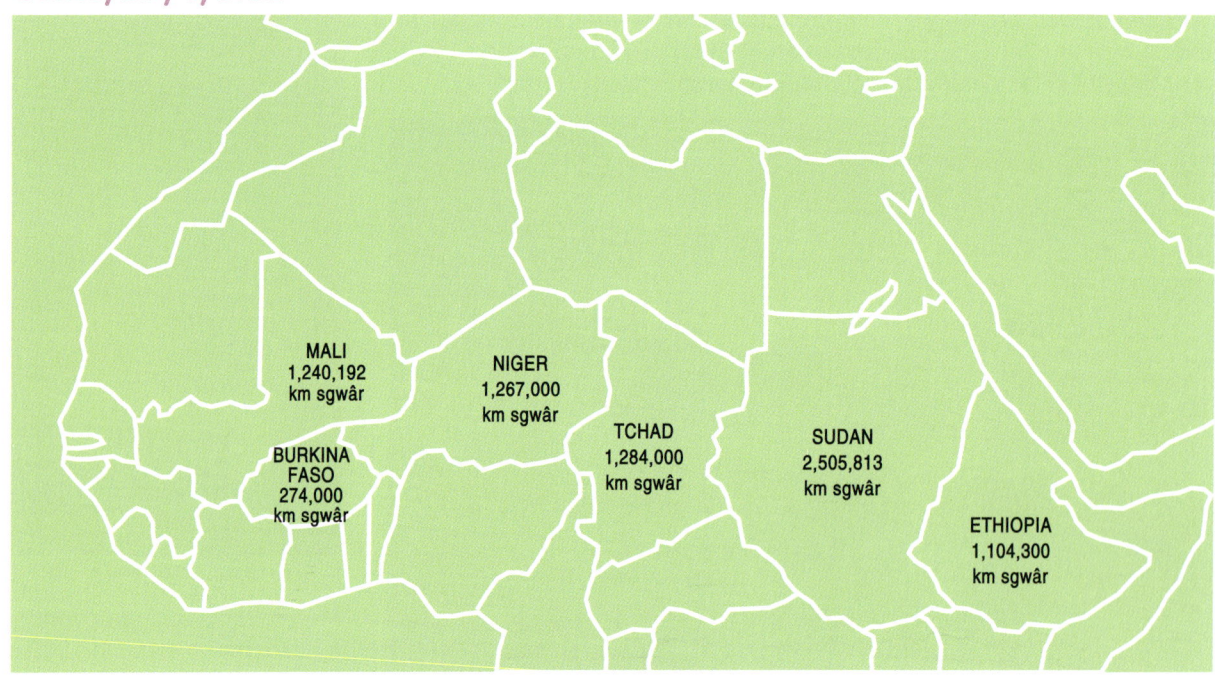

MALI
1,240,192
km sgwâr

NIGER
1,267,000
km sgwâr

BURKINA
FASO
274,000
km sgwâr

TCHAD
1,284,000
km sgwâr

SUDAN
2,505,813
km sgwâr

ETHIOPIA
1,104,300
km sgwâr

Casglu dŵr mewn pentref yn Burkina Faso. Fe gaiff dŵr glaw ei gasglu mewn pwll a'i ddefnyddio gan y pentrefwyr tra bo'r dŵr ar gael. Mae'r ffynnon agosaf 7 km i ffwrdd.

Amcangyfrifwyd bod diffeithdiro (*desertification*) ar ymylon y Sahara yn lledu ar gyfradd o 1.5 miliwn o hectarau y flwyddyn. Mae diffeithdiro yn rhannol yn broses naturiol, ond weithiau bydd gweithgarwch dynol yn cyflymu diffeithdiro. Gall ffermio dwys a thorri coed achosi i'r tir fod mor noeth ac anffrwythlon fel na all bellach ddarparu bywoliaeth ar gyfer y bobl. Yn Burkino Faso, er enghraifft, ychydig iawn o lystyfiant sydd erbyn hyn, a phan ddaw glaw bydd y dŵr yn anweddu neu'n llifo ymaith ar unwaith yn hytrach nag ymdreiddio drwy'r pridd a chyrraedd gwreiddiau'r cnydau.

Poblogaeth y Sahel (miliynau) yn 1996

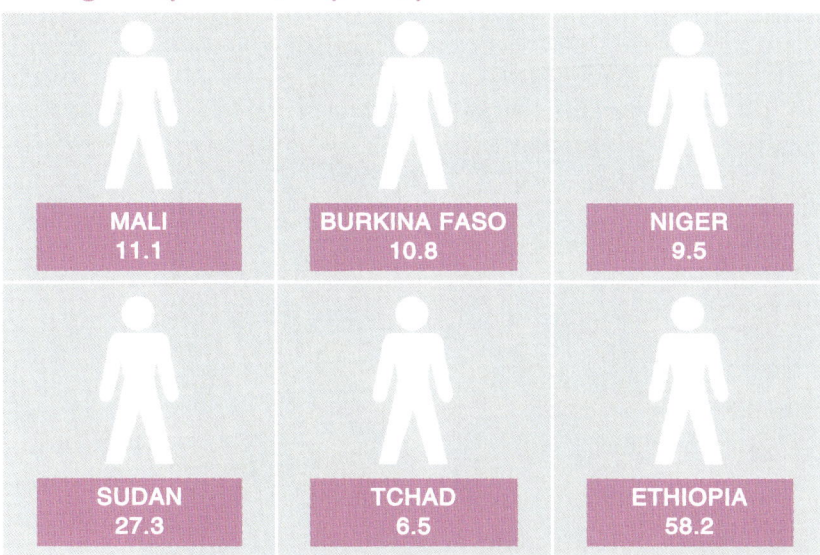

MALI 11.1	**BURKINA FASO** 10.8	**NIGER** 9.5
SUDAN 27.3	**TCHAD** 6.5	**ETHIOPIA** 58.2

Ffynhonnell: Adran Boblogaeth y Cenhedloedd Unedig

Disgwyliad oes yng ngwledydd y Sahel

Oedran: Mali 47, Burkina Faso 46, Niger 48, Sudan 47, Tchad 54, Ethiopia 49

Ffynhonnell: UNDP, UNICEF

Mae pobl grwydrol fel y Tuareg wedi addasu i fyw ar dir ymylol sych. Os bydd y porfeydd yn methu, gallan nhw symud ymlaen gyda'u camelod, eu defaid a'u geifr, eu pebyll a'u teuluoedd. Ond os na cheir unrhyw law o gwbl mae'n effeithio ar eu holl ffordd o fyw. O ganlyniad i'r sychder hir yn ystod chwarter olaf yr 20fed ganrif collwyd llawer o'u hanifeiliaid gwerthfawr – a bu farw llawer iawn o bobl.

Plentyn yn nôl dŵr o bwmp dŵr yn Burkina Faso

Tchad 24%	Mali 66%	Sudan 50%
Burkina Faso 42%	Niger 48%	Ethiopia 25%

Y ganran o'r bobl sydd â chyfle rhesymol i ddefnyddio dŵr sy'n ddiogel i'w yfed

Ffynhonnell: UNICEF

Mae asiantaethau cymorth fel Cymorth Cristnogol ac Oxfam yn ceisio gwella'r sefyllfa mewn gwahanol ffyrdd, e.e. cloddio ffynhonnau i sicrhau cyflenwad o ddŵr glân. Hefyd maen nhw'n helpu'r bobl leol i wella eu dulliau ffermio. Ymysg y dulliau hyn mae gosod llinellau o gerrig er mwyn lleihau'r colli dŵr.

Plentyn yn dyfrhau coeden y mae hi newydd ei phlannu – rhan o broject pentref yn Burkina Faso

Dangos i bentrefwyr yn Burkina Faso sut y gall gosod llinellau o gerrig arwain at lai o golli dŵr

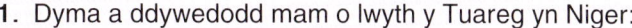 **Gweithgareddau**

1. Dyma a ddywedodd mam o lwyth y Tuareg yn Niger:

   'Does dim digon o fwyd na llaeth. Weithiau byddwn ni'n digalonni'n llwyr ac yn gofyn sut yr ydym yn mynd i gadw'n fyw. Mae'r plant yn crïo drwy'r amser. Dydyn nhw ddim yn cael yr hwyl y dylen nhw ei chael fel plant. Rydym am i'n plant gael gwell bywyd.'

   Rhestrwch y gwahaniaethau rhwng ffordd o fyw ei phlant hi a'ch sefyllfa chi.

2. Un o ddiarhebion y Tuareg yw: *Aman iman* – bywyd yw dŵr. Defnyddiwch y wybodaeth a roddir yn yr Uned hon ynghyd â gwybodaeth a gewch o ffynonellau eraill i egluro'r ddihareb hon.

3. Defnyddiwch yr hyn a ddangosir yn y lluniau a gwybodaeth a gewch o ffynonellau eraill i restru dulliau y gellid eu mabwysiadu i wella sefyllfa pobl y Sahel. Beth sydd angen ei wneud yn y tymor byr? Beth sydd angen ei wneud i wella'r sefyllfa yn y tymor hir?

4. Casglwch fwy o wybodaeth am y sychder yn Affrica, e.e. mewn papurau newydd a chylchgronau neu o sefydliadau fel Oxfam, Cymorth Cristnogol ac yn y blaen.
   Yna ysgrifennwch adroddiad am y sefyllfa ddiweddaraf yng ngwledydd y Sahel.

Coedwigoedd yw un o'r ecosystemau mwyaf gwerthfawr yn y byd. Ar lefel fyd-eang mae coedwigoedd yn gwneud gwaith pwysig o ran rheoli'r hinsawdd, gan eu bod yn cymryd carbon deuocsid o'r aer. Byddai parhad y coedwigoedd yn helpu i rwystro cynnydd yn yr effaith tŷ gwydr. I lawer o'r bobl frodorol y coedwigoedd yw eu bywoliaeth, yn cynnig planhigion i'w bwyta ac ar gyfer gwella afiechydon, cig, ffrwythau, mêl, cysgod, coed tân a chynhyrchion eraill, yn ogystal â gwerthoedd diwylliannol ac ysbrydol.

Aelodau o lwyth yr Yanomami yn yr Amazon. Maen nhw'n ffermio'r tir drwy glirio darn o goedwig. Ymhen amser byddan nhw'n symud i ddarn newydd o dir. Mae'r dull hwn yn diogelu'r amgylchedd.

Ond mae miloedd o hectarau o goedwig law yr Amazon yn Brasil yn cael eu torri bob blwyddyn. O ganlyniad collir planhigion a allai fod o les mawr i bawb drwy gael eu defnyddio ar gyfer moddion a allai achub bywydau.

Ffermio drwy'r dull torri a llosgi (slash and burn) yn yr Amazon yn Brasil

Mae datgoedwigo'n effeithio ar yr amgylchedd. Ceir llawer o law mewn coedwigoedd trofannol, ond gan fod y glaw yn cael ei hidlo drwy orchudd trwchus y goedwig mae hynny'n rheoli ei effaith ar yr amgylchedd lleol. Mae dinistrio'r coedwigoedd yn arwain at lifogydd a cholli miloedd o dunelli metrig o uwchbridd. Mae siltio afonydd a nentydd yn peryglu'r pysgod sy'n fwyd i'r bobl leol. Hefyd mae clirio coedwigoedd drwy losgi yn arwain at ryddhau miliynau o dunelli metrig o garbon deuocsid i'r aer, gan effeithio ar yr hinsawdd a chyfrannu at gynhesu byd-eang.

Tŷ yn yr Amazon yn Brasil gyda thir wedi'i losgi o'i gwmpas

Ffermwyr yn clirio'r tir drwy dorri a llosgi er mwyn plannu cnydau. Dim ond am ychydig flynyddoedd y bydd y tir yn para'n ffrwythlon.

Un o'r ffactorau sy'n achosi datgoedwigo yn Brasil yw bod ffermwyr tlawd yn mudo i'r Amazon am na allan nhw ennill bywoliaeth mewn mannau eraill. Maen nhw'n clirio'r tir drwy dorri a llosgi er mwyn plannu cnydau. Ond ni fydd y tir yn para'n ffrwythlon ond am ychydig flynyddoedd. Wedyn byddan nhw'n torri a llosgi mewn man arall.

Ffactorau eraill sy'n achosi datgoedwigo yw:
- torri coed masnachol
- trefoli
- mwyngloddio
- glaw asid
- tanau

 ## Gweithgareddau

1. Rhowch ddiffiniad llawn o'r termau canlynol:
   (a) ecosystem;
   (b) coedwig law;
   (c) dulliau cynaliadwy;
   (ch) glaw asid.

2. Ym mha ffyrdd y mae datgoedwigo yn niweidio ffordd o fyw pobl frodorol coedwig law yr Amazon.

3. Rhestrwch bethau y gall gwledydd datblygedig eu gwneud i helpu i ddiogelu'r coedwigoedd glaw.

4. (a) Nodwch dri ffactor sy'n arwain at ddatgoedwigo. Eglurwch sut maen nhw'n achosi datgoedwigo.
   (b) Awgrymwch sut y gellir lleihau effaith y ffactorau hyn ar yr amgylchedd.

Fel y gwyddoch, mae rhai pobl a theuluoedd yn fwy cyfoethog nag eraill. Mae'r un peth yn wir am wledydd, gyda rhai'n gyfoethog ac eraill yn dlawd.

Mesurir cyfoeth gwlad yn nhermau Cynnyrch Gwladol Crynswth (CGC – *Gross Domestic Product*), sef cyfanswm gwerth y nwyddau a'r gwasanaethau a gynhyrchir gan y wlad honno. Ond hyd yn oed pe bai dwy wlad â CGC tebyg gallai fod llawer mwy o dlodi yn y naill na'r llall. Er enghraifft, pe bai dwy wlad, A a B, â CGC o $8,000 miliwn ond bod 80 miliwn o bobl yn byw yng ngwlad A ac 8 miliwn yn byw yng ngwlad B, byddai'r bobl yn A ar gyfartaledd yn dlotach na'r bobl yn B. Felly, er mwyn cael gwell syniad ar gyfer cymharu gwledydd, defnyddir ffigurau CGC y pen (*per head*), h.y. CGC wedi'i rannu â nifer y bobl.

Mae'r tabl gyferbyn yn dangos ffigurau CGC y pen ar gyfer rhai o wledydd cyfoethog y byd a rhai o'r gwledydd tlawd. Mae'r map isod yn dangos gwledydd y byd wedi'u rhannu yn ôl CGC y pen.

Y byd wedi'i rannu yn ôl CGC y pen

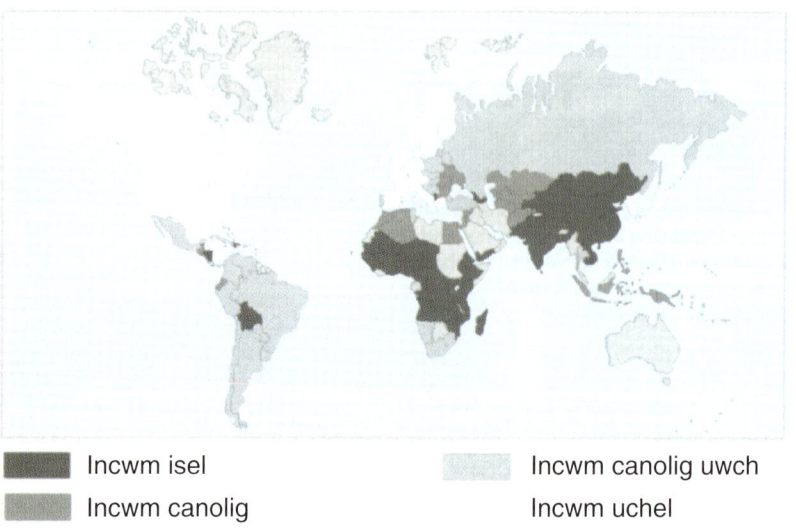

- ▮ Incwm isel
- ▮ Incwm canolig
- ▮ Incwm canolig uwch
- ▮ Incwm uchel

Cynnyrch Gwladol Crynswth y pen mewn gwahanol wledydd

	CGC y pen ($ UDA) (1996)
Y Swistir	44,350
Japan	40,940
Norwy	34,510
Yr Almaen	28,870
Yr Unol Daleithiau	28,020
Awstralia	20,090
Y Deyrnas Unedig	19,600
Bolivia	830
India	380
Mali	240
Burkina Faso	230
Niger	200
Tchad	160
Ethiopia	100
Mocambique	80

Ffynhonnell: Banc y Byd 1998

Fel y gwelwch o'r tabl a'r map, mae gwledydd tlawd y byd yn cynnwys gwledydd y Sahel yn Affrica y sonnir amdanynt yn Uned 4. Ond nid yn Affrica yn unig y ceir gwledydd tlawd. Gadewch i ni edrych ar ddwy wlad dlawd arall ar ddau gyfandir arall.

Bolivia

Bolivia yw'r wlad dlotaf yn Ne America. Mae 80 y cant o'r boblogaeth yn byw mewn tlodi. Oherwydd ei dyledion mae'r wlad yn gorfod gweithredu polisïau economaidd a orfodwyd arni gan sefydliadau rhyngwladol fel Banc y Byd a'r Gronfa Ariannol Ryngwladol (IMF). Amcan y polisïau hyn yw cynyddu twf yr economi a gostwng chwyddiant. Ond o ganlyniad iddynt mae diweithdra a thlodi'n cynyddu. Mae llai hefyd yn cael ei wario ar wasanaethau cyhoeddus fel addysg ac iechyd.

Cardota yn La Paz, Bolivia

Plant mewn cartref llwm ar gyrion Santa Cruz, Bolivia

Mae'r llywodraeth yn hybu ffermydd mawr er mwyn gallu allforio. Ni chaiff ffermydd bach lawer o gymorth a phrin y gallan nhw gynhyrchu digon i fyw arno. Mae llawer wedi mudo i'r trefi yn y gobaith o gael bwyd a gwaith yno. Ond wedyn caiff eu gobeithion eu chwalu am eu bod yn cystadlu â miloedd o bobl eraill am lai a llai o swyddi.

O ganlyniad mae llawer o ferched yn gorfod cymryd gwaith fel morynion i deuluoedd o'r dosbarth uchaf a'r dosbarth canol. Mae eu cyflog yn isel. Prin iawn yw'r amser rhydd. Mae llawer yn cael eu camdrin ac anwybyddir yr ychydig hawliau sydd ganddynt. Ond dydyn nhw ddim mewn sefyllfa i gwyno a mynnu eu hawliau.

India

Mewn sawl ffordd mae India'n wlad fodern, ond er hynny mae bron traean o bobl dlotaf y byd yn byw yno. Mae 330 miliwn o bobl India yn byw yn is na'r llinell dlodi swyddogol ac mae 63 miliwn o blant yn dioddef o ddiffyg maeth – dydyn nhw ddim yn cael digon o fwyd i'w cadw'n iach.

O ganlyniad i'r tlodi mae llawer o blant yn gorfod gweithio. Ni all eu teuluoedd fforddio eu hanfon i'r ysgol. Maen nhw'n dibynnu ar yr arian ychwanegol y gall y plant ei ennill. India sydd â'r nifer mwyaf yn y byd o blant o dan 15 oed sy'n gweithio.

Plant yn gwneud carpedi yn India

Plentyn 10 oed sy'n treulio deg awr y dydd yn gwehyddu carpedi gyda'i goesau wedi'u croesi

Weithiau mae tlodi'n gorfodi teuluoedd i werthu eu plant i weithio i bobl eraill. Erbyn hyn mae'n anghyfreithlon gwerthu plant i weithio, ond mae'r arfer yn parhau. Ni chaiff y plant lawer o dâl ac mae'r amodau gwaith yn wael. Er enghraifft, mae plant sy'n gwneud carpedi yn aml yn gweithio 12 awr bob dydd o'r wythnos mewn siediau tywyll a phoeth. Mae gweithio mewn amodau fel hyn yn achosi iddynt gael problemau gyda'u golwg, eu cefnau, eu hanadlu a'u croen.

Bechgyn 10 oed a merch 4 oed yn trefnu matsys ar gyfer eu trochi mewn ffosfforws

Mewn sefyllfaoedd fel hyn mae plant nid yn unig yn colli eu haddysg a'u hiechyd, ond hefyd maen nhw'n colli eu plentyndod.

Gweithgareddau

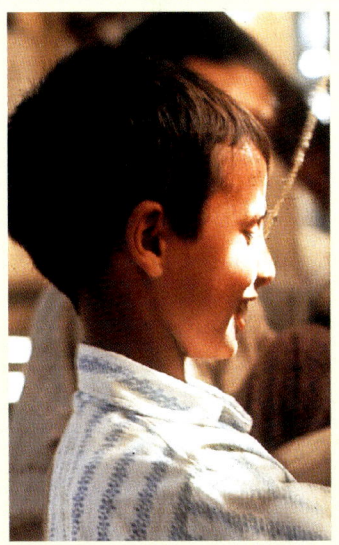

1. (a) Edrychwch ar y map o'r byd ar dudalen 16 ac enwch bedair gwlad dlawd arall yn y byd.
   (b) Dewiswch un o'r gwledydd a enwyd gennych. Paratowch adroddiad byr yn cymharu bywyd yn y wlad honno â bywyd yng Nghymru.

2. Lluniwch siart bar ar sail y wybodaeth a roddir yn y tabl ar dudalen 16.

3. Y gwledydd tlawd a nodir yn y testun yw India, Bolivia a gwledydd y Sahel yn Affrica. Pe baech yn gorfod byw yn un o'r rhain yn blentyn, pa un y byddech yn ei dewis? Pam?

4. (a) Rhestrwch 20 o bethau sydd gennych chi ond na fyddai modd i gaethweithiwr yr un oed â chi yn India eu cael.
   (b) O'r pethau a nodwyd gennych yn (a) dewiswch y 10 sy'n bwysicaf i chi a rhestrwch nhw mewn trefn – o'r pwysicaf i'r lleiaf pwysig.
   (c) Dychmygwch sefyllfa caethweithiwr yr un oed â chi yn India a rhestrwch 10 peth yr hoffai yntau/hithau eu cael ac a fyddai'n bwysig iddo ef/iddi hi.
   (ch) Pe baech yn colli'r pethau a nodwyd gennych yn (a) heb fodd i gael eraill yn eu lle, a fyddech yn dlawd? Ysgrifennwch baragraff yn egluro eich ateb.

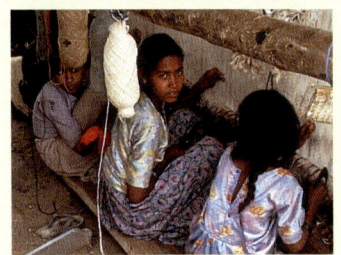

5. Mae gan wledydd tlawd y byd ddyledion mawr a rhaid iddynt roi rhan helaeth o'u CGC i ad-dalu'r dyledion ac i dalu llog arnynt. Mae llawer o'r arian yn ddyledus i sefydliadau ariannol rhyngwladol fel Banc y Byd a'r Gronfa Ariannol Ryngwladol. Pan gaiff y gwledydd tlawd gymorth ariannol gan wledydd cyfoethog ar gyfer datblygiad, maen nhw'n defnyddio llawer o'r arian hwnnw i dalu'r sefydliadau ariannol rhyngwladol.
   (a) Pe bai arweinwyr y gwledydd cyfoethog yn gofyn i chi am eich cyngor ynglŷn â'r sefyllfa anodd hon, pa gyngor y byddech yn ei roi iddynt? Eglurwch eich ateb.
   (b) Pe bai arweinwyr y gwledydd tlawd yn gofyn i chi am eich cyngor ynglŷn â'r sefyllfa anodd hon, pa gyngor y byddech yn ei roi iddynt? Eglurwch eich ateb.

Ystyr 'llythrennedd' yw'r gallu i ddarllen ac ysgrifennu. I'r gwrthwyneb, mae 'anllythrennedd' yn golygu methu darllen nac ysgrifennu.

Mae chwarter poblogaeth y byd – biliwn a hanner o bobl – yn methu darllen nac ysgrifennu. Yn Nhabl 1 gyferbyn dangosir ffigurau llythrennedd gwahanol wledydd yn Affrica, h.y. y gyfran o'r bobl dros 15 oed yn y wlad sy'n gallu darllen ac ysgrifennu.

Ym mhob un o'r gwledydd yn Nhabl 1 mae llai na hanner yr oedolion yn gallu darllen ac ysgrifennu. Wrth gwrs mae gwledydd eraill yn Affrica lle mae'r ffigurau llythrennedd yn uwch o lawer, e.e. De Affrica (82%), Zimbabwe (85%) a Kenya (78%). Nid cyd-ddigwyddiad yw'r ffaith mai'r gwledydd tlotaf sydd â'r ffigurau isaf.

Tabl 1 Llythrennedd yn Affrica, 1995

Cyfradd llythrennedd oedolion (%)		Cyfradd llythrennedd oedolion (%)	
Angola	42	Liberia	38
Benin	37	Mali	31
Burkina Faso	19	Mauritania	38
Burundi	35	Mocambique	40
Tchad	48	Niger	14
Côte d'Ivoire	40	Nigeria	57
Djibouti	46	Sénégal	33
Ethiopia	36	Sierra Leone	31
Gambia	39	Somalia	24
Guinée	36	Sudan	46

Ffynhonnell: UNICEF

Addysg dda yw un o'r ffyrdd mwyaf effeithiol i ddianc rhag tlodi. Mae hynny'n wir am unigolion – ym mha ran bynnag o'r byd y maent – ond mae hefyd yn wir am wledydd. I unigolyn neu wlad, llythrennedd yw'r cam cyntaf ar y llwybr i dwf economaidd a chymdeithasol a gwell safon byw.

Plant ysgol ym mhentref Kalsaka yn Burkina Faso. Mae cyn lleied o le ar eu cyfer fel na ellir ond derbyn plant newydd bob yn ail flwyddyn.

Mewn gwledydd sy'n datblygu, fodd bynnag, mae'n anodd cymryd y cam hwnnw. Mae teuluoedd yno yn dibynnu ar eu plant i ennill arian ychwanegol, felly rhaid i'r plant weithio yn hytrach na chael addysg dda. Hefyd am wahanol resymau nid yw llywodraethau'r gwledydd hynny yn gwario digon ar addysg.

Gwers daearyddiaeth ym mhentref Silmiougou, Burkina Faso

Yn y Deyrnas Unedig yn 1995 nifer y disgyblion cynradd am bob athro oedd 19, ac yn yr Unol Daleithiau 16. Mae Tabl 2 yn dangos y ffigurau ar gyfer rhai o'r gwledydd yn Affrica.

Tabl 2 Nifer y disgyblion cynradd am bob athro (1995)

Benin	49
Burkina Faso	58
Burundi	65
Tchad	62
Côte d'Ivoire	45
Ethiopia	33
Mali	66
Niger	37
Sénégal	58
Sudan	36

Ffynhonnell: Banc y Byd, 1998

Mae Cymorth Cristnogol, Oxfam ac asiantaethau cymorth eraill yn ceisio cynyddu llythrennedd ymhlith y bobl yn y gwledydd sy'n datblygu.

Dosbarth ym mhentref Mishig yn Tigray – mae 69 o blant ond dim un gadair

 ## Gweithgareddau

1. Lluniwch fap o Affrica ac arno nodwch leoliad y gwledydd a nodir yn Nhabl 1 ynghyd â'r ffigurau llythrennedd ar gyfer y gwledydd hynny.

2. Lluniwch siart bar ar s... ...ddir yn Nhabl 2 a'r ffigurau cyfatebol ar gyfer y... ...ig a'r Unol Daleithiau.

3. Soniwyd yn y testun nad yw llywodraethau ... ...d yn gwario digon ar addysg 'am wahanol resyma... rai o'r rhesymau hynny.

4. Cymharwch yr addysg a gawsoch chi yn yr ysgol gynradd â'r addysg y byddech wedi ei chael pe bai 66 o blant yno am bob athro fel a geir mewn rhai gwledydd fel Mali. Pa anawsterau y byddai hynny wedi'u creu:
   (a) i chi fel plentyn;
   (b) i'r ysgol?

5. Dychmygwch na fedrwch chi ddarllen nac ysgrifennu (ar wahân i ddarllen y cwestiwn hwn ac ysgrifennu'r ateb!). Disgrifiwch daith siopa ar eich pen eich hun i'r dref agosaf. Rydych yn mynd yno ar fws, yn prynu bwyd a dillad ac yn dychwelyd adref ar fws. (Cofiwch na fedrwch chi ddarllen un gair. Mae unrhyw eiriau a welwch yn ddirgelwch llwyr i chi.)

Mae'n amlwg ar sail y wybodaeth a roddir yn rhai o'r Unedau blaenorol nad yw plant mewn rhai rhannau o'r byd yn cael yr un cyfleoedd ag y cewch chi. Mae pethau a gymerir yn ganiataol yn y gwledydd datblygedig – pethau sylfaenol fel bwyd a chysgod – y tu hwnt i gyrraedd llawer iawn o bobl yn y gwledydd sy'n datblygu. Iddyn nhw mae bywyd yn ymwneud yn llwyr â chadw'n fyw.

Mewn sefyllfa o'r fath mae'n anorfod bod y plant yn dioddef. Oherwydd diffyg bwyd, diffyg dŵr glân ac amodau byw afiach, chân nhw ddim cyfle i dyfu a datblygu'n iach ac maen nhw'n agored i glefydau peryglus.

Tabl 1 Cyfradd marwolaethau babanod (1996)

	Marwolaethau babanod (am bob 1000 o enedigaethau byw)
Bangladesh	83
Bolivia	71
Burkina Faso	82
Tchad	92
Ethiopia	113
Ffrainc	5
Guinée	130
India	73
Mali	134
Niger	191
Sudan	73
Y Deyrnas Unedig	6
Yr Unol Daleithiau	8

Ffynhonnell: UNICEF

Tabl 2 Disgwyliad oes

	Blynyddoedd
Bangladesh	57
Bolivia	61
Burkina Faso	46
Tchad	47
Ethiopia	49
Ffrainc	79
Guinée	46
India	62
Mali	47
Niger	48
Sudan	54
Y Deyrnas Unedig	77
Yr Unol Daleithiau	76

Ffynhonnell: UNDP, UNICEF

Wrth ystyried cyflwr plant mewn gwahanol wledydd nodir **cyfradd marwolaethau babanod** – marwolaethau babanod o dan flwydd oed am bob 1,000 o enedigaethau byw. Gwelir yn Nhabl 1 mai 6 oedd y gyfradd hon yn y Deyrnas Unedig yn 1996, ond mai 113 oedd cyfradd Ethiopia. Yn yr un flwyddyn y disgwyliad oes i blentyn a anwyd yn y Deyrnas Unedig oedd 77 o flynyddoedd, ond yn Ethiopia 49 o flynyddoedd. Dangosir y ffigurau ar gyfer gwledydd eraill yn Nhablau 1 a 2.

Plentyn gyda'i mam mewn ysbyty yn Bangladesh. Mae'r plentyn yn cael triniaeth am ddolur rhydd. Mae clefydau dolur rhydd yn lladd llawer iawn o blant ac oedolion mewn gwledydd sy'n datblygu.

Mae gwahaniaethau mawr hefyd o ran **cyfraddau geni** (nifer y genedigaethau am bob 1,000 o bobl). Dangosir cyfraddau geni gwahanol wledydd yn Nhabl 3. Y duedd yw i deuluoedd mewn gwledydd sy'n datblygu gael mwy o blant na theuluoedd mewn gwledydd datblygedig. Mae gwahanol resymau dros hyn, e.e.

- cael mwy o blant er mwyn cael mwy o help ar y fferm;
- o gofio bod cyfran uchel o blant yn marw, cael mwy o blant i sicrhau y bydd rhai ohonynt yn byw.

Plentyn yn cael triniaeth am ddolur rhydd yn Dacca, Bangladesh

Tabl 3 Cyfraddau geni (1996)

	Cyfradd geni (am bob 1,000 o bobl)
Bangladesh	27
Bolivia	34
Burkina Faso	46
Tchad	42
Ethiopia	48
Ffrainc	12
Guinée	49
India	26
Mali	48
Niger	51
Sudan	34
Y Deyrnas Unedig	12
Yr Unol Daleithiau	14

Ffynhonnell: UNICEF

Tabl 4 Marwolaethau darpar-famau (1990)

	Marwolaethau darpar-famau (am bob 100,000 o enedigaethau byw)
Bangladesh	850
Bolivia	650
Burkina Faso	930
Tchad	1,500
Ethiopia	1,400
Ffrainc	15
Guinée	1,600
India	570
Mali	1,200
Niger	1,200
Sudan	660
Y Deyrnas Unedig	9
Yr Unol Daleithiau	12

Ffynhonnell: UNICEF

Os nad yw'r gofal meddygol yn ddigonol mewn gwlad, gall nifer uchel o ddarpar-famau farw yn ystod beichiogrwydd neu wrth i blentyn gael ei eni. Yn Nhabl 4 dangosir ffigurau marwolaethau darpar-famau ar gyfer gwahanol wledydd.

Mae ffigurau fel y rhai yn Nhablau 1-4 yn dangos bod sefyllfa plant yn gyffredinol yn y gwledydd sy'n datblygu yn waeth o lawer na sefyllfa plant yn y gwledydd sydd wedi datblygu. Mae gobeithion y plant – hyd yn oed y gobaith am fywyd – yn is yn y gwledydd tlawd.

Pwyso plant sy'n dioddef o ddiffyg maeth yn Mocambique

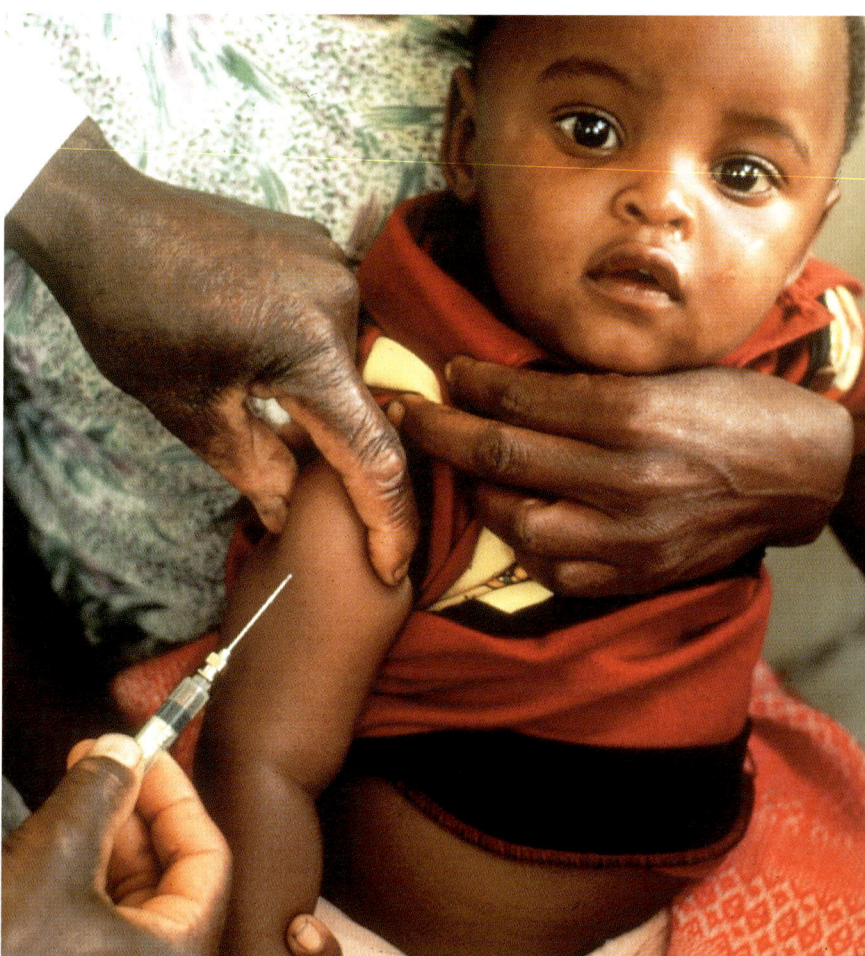

Plentyn yn Kenya yn cael brechiad sy'n diogelu rhag difftheria, polio a thetanws

Sut y gellir gwella'r sefyllfa yn y dyfodol? Dyma rai awgrymiadau a roddwyd:
* rheoli maint y teulu drwy gael pobl i ddefnyddio dulliau atal cenhedlu
* sicrhau bod dŵr glân a system garthffosiaeth ar gael i bawb
* sicrhau bod plant yn cael digon o fwyd a hynny o'r ansawdd iawn
* sicrhau gofal meddygol da a brechu plant yn erbyn clefydau peryglus

Gweithgareddau

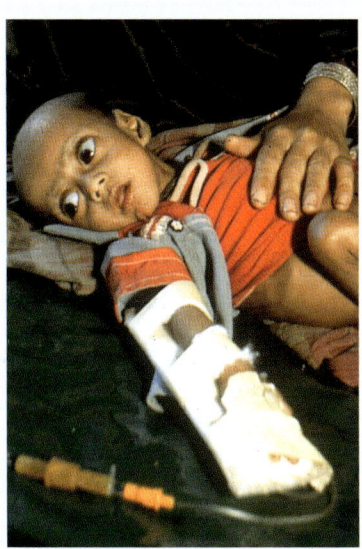

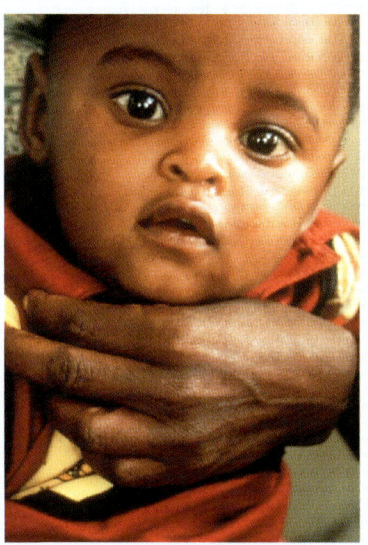

1. (a) Casglwch wybodaeth am nifer y plant sydd yn nheulu pob aelod o'ch dosbarth chi. Lluniwch siart bar i ddangos y wybodaeth hon. Pa "faint y teulu" sydd fwyaf cyffredin yn eich dosbarth chi?
   (b) Ar gyfartaledd bydd maint teuluoedd mewn gwledydd sy'n datblygu yn fwy na'r ateb a gawsoch chi yn (a). Nodwch anfanteision i chi a'ch teulu pe bai maint eich teulu yn fwy tebyg i faint teuluoedd yn y gwledydd hynny.
   (c) Nodwch fanteision i chi a'ch teulu pe bai maint eich teulu yn fwy.

2. Nodwch resymau pam y mae teuluoedd mewn gwledydd sy'n datblygu yn tueddu i gael mwy o blant na theuluoedd mewn gwledydd datblygedig.

3. (a) Lluniwch 4 siart bar yn dangos y wybodaeth a roddir yn Nhablau 1-4.
   (b) Dewiswch un o'r gwledydd sy'n datblygu a enwir yn y Tablau a chasglwch wybodaeth amdani. Yna ysgrifennwch adroddiad yn cymharu sefyllfa plant yn y wlad honno â'n sefyllfa ni yn y wlad hon.

4. Casglwch wybodaeth am y gwaith y mae Cymorth Cristnogol, Oxfam, y Groes Goch a chyrff tebyg yn ei wneud i wella sefyllfa plant yn y gwledydd sy'n datblygu. Yna ysgrifennwch adroddiad yn egluro ychydig enghreifftiau o waith yr asiantaethau cymorth yn y maes hwn.

5. Nodwyd yn y testun awgrymiadau ar gyfer gwella sefyllfa plant yn y gwledydd sy'n datblygu.
   (a) Pe bai'r Cenhedloedd Unedig yn gofyn i chi drefnu gweithredu'r awgrymiadau hyn – ac unrhyw awgrymiadau eraill y gallwch chi eu cynnig – sut y byddech yn gwneud hynny?
   (b) Pa rwystrau y byddech yn debygol o'u hwynebu?

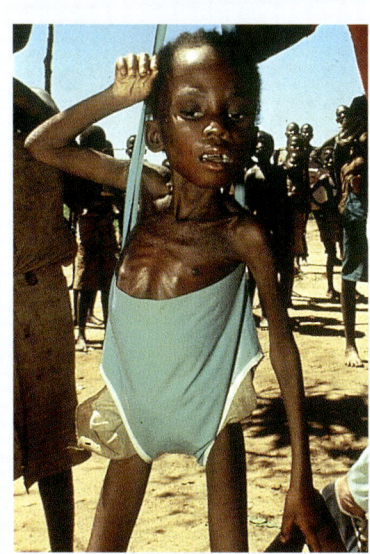

Mae nifer y bobl sy'n byw mewn dinasoedd yn cynyddu'n gyflym iawn. Mae hynny'n arbennig o wir am ddinasoedd yn y gwledydd sy'n datblygu. Yn y tabl ar y dde dangosir amcangyfrif o boblogaeth deg o ddinasoedd mwyaf y byd yn y flwyddyn 2010. (Er mwyn i chi gael syniad o'u maint, yr amcangyfrif ar gyfer Llundain yw 6.9 miliwn.)

Plant sy'n byw mewn slymiau ar gyrion Dinas Mexico wedi i'w teuluoedd symud yno o ardaloedd gwledig

Amcangyfrif o boblogaeth deg o'r dinasoedd mwyaf yn 2010

	miliynau
Tokyo	28.9
São Paulo	25.0
Mumbai (Bombay)	24.4
Shanghai	21.7
Lagos	21.1
Ciudad de Mexico (Dinas Mexico)	18.0
Beijing	18.0
Dacca	17.6
Efrog Newydd	17.2
Jakarta	17.2

Ffynhonnell: Tear Times, Gwanwyn 1995

Ceir twf ym mhoblogaeth dinasoedd o ganlyniad i'r canlynol:
- cynnydd naturiol yn y boblogaeth;
- mudo – pobl yn mudo o'r ardaloedd gwledig i'r dinasoedd.

Mae mudo o'r wlad i'r ddinas yn cynyddu mewn llawer o wledydd sy'n datblygu. Achosir hyn gan ffactorau sy'n denu pobl i'r dinasoedd a ffactorau sy'n eu gwthio o'r ardaloedd gwledig.

Ffactorau gwthio

- Prinder tir yn yr ardaloedd gwledig – does dim digon i bawb

- Cynnydd yn y defnydd a wneir o beiriannau ar gyfer amaethyddiaeth – does dim angen cynifer o bobl i weithio ar y tir

- Cyfleusterau iechyd gwael

- Cyfleusterau addysg gwael

- Tlodi

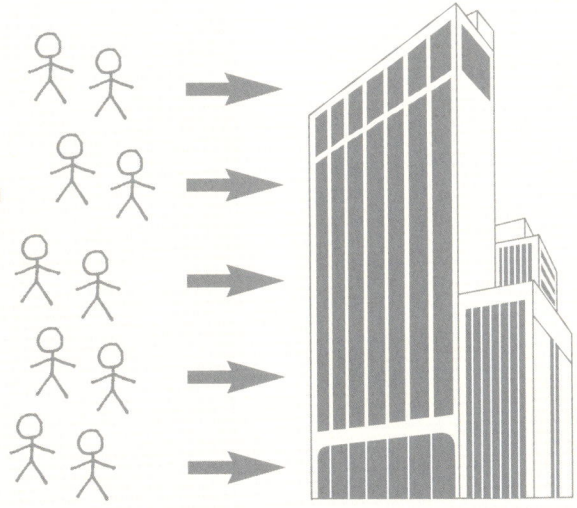

Ffactorau denu

- Mwy o swyddi yn y dinasoedd

- Gwell cyfleusterau yn y dinasoedd – mwy o ysgolion a chyfleusterau iechyd, cyflenwad dŵr a gwasanaethau eraill

- Cyfleusterau adloniant y dinasoedd – mwy o 'fywyd' yno

- Mwy o obaith yn y dinasoedd – gobaith am fwy o arian, safon uwch o fyw a bywyd mwy modern

Pobl sydd wedi gadael ardaloedd gwledig i ddod i fyw ar gyrion Buenos Aires, yr Ariannin

Yn anffodus, mae llawer o'r bobl sy'n mudo i'r dinasoedd yn gweld na chaiff eu gobeithion eu gwireddu. Er bod mwy o adnoddau yno, y bobl gyfoethog sy'n manteisio arnynt fwyaf ac felly does dim llawer yn weddill ar gyfer y bobl dlawd. Er bod cyflogau'n uwch yno nag yn yr ardaloedd gwledig, mae diweithdra'n uchel iawn yno hefyd ac felly does dim digon o swyddi ar gyfer yr holl fewnfudwyr. Mae mwy a mwy o bobl yn cystadlu am lai a llai o swyddi.

O ganlyniad mae llawer o'r bobl sy'n mudo i'r dinasoedd yn gorfod byw mewn trefi sianti gorlawn ar gyrion y dinasoedd. Mae cyflwr y trefi sianti hyn yn druenus – cytiau wedi'u gwneud o bren, tun, cardbord ac unrhyw ddeunydd cyfleus. Maen nhw yn aml wedi'u hadeiladu ar dir nad yw neb arall yn ei hawlio. Does dim cyflenwad dŵr na thrydan na system garthffosiaeth. Gadewir gwastraff mewn tomenni i bydru. Mae plant sy'n byw mewn lleoedd fel hyn 50 gwaith yn fwy tebygol o farw cyn cyrraedd 5 oed nag yw plant sy'n byw mewn gwledydd datblygedig.

Mae enwau arbennig ar y trefi sianti mewn gwahanol rannau o'r byd, e.e. *favelas* (Brasil), *barridas* (Periw) a *bustees* (India).

Plant y strydoedd yn Brasil

Pobl mewn tref sianti ar gyrion Buneos Aires, yr Ariannin

Yn y dinasoedd mawr mae miliynau o blant yn gweithio ar y strydoedd, e.e. yn glanhau esgidiau, yn gwerthu ffrwythau, yn casglu sbwriel. Mae llawer ohonynt hefyd yn ddigartref ac yn gorfod byw ar y strydoedd. Maen nhw mewn perygl mawr o gyfeiriad gwerthwyr cyffuriau a drwgweithredwyr eraill ac mewn rhai mannau hyd yn oed yr heddlu. Felly mae asiantaethau cymorth fel Cymorth Cristnogol ac Oxfam yn ceisio helpu plant fel hyn drwy ddarparu mannau diogel ar eu cyfer a dysgu sgiliau iddynt.

 ## Gweithgareddau

1. Ym mha wledydd y mae'r deg dinas a nodir yn Nhabl 1?

2. (a) Pe baech yn symud i Lundain i fyw, pa fanteision fyddai'n deillio o hynny?
   (b) Pa anfanteision fyddai'n deillio o hynny?
   (c) Yn eich barn chi a fyddai'r symud ar y cyfan yn fanteisiol neu'n anfanteisiol? Rhowch resymau dros eich ateb.

3. Cymharwch eich bywyd chi ar hyn o bryd â bywyd person sydd yr un oed â chi ac yn byw mewn tref sianti yn Brasil.

4. Dewiswch un o ddinasoedd mawr y gwledydd sy'n datblygu. Ysgrifennwch adroddiad am sefyllfa teulu sydd wedi symud o ardal wledig i fyw mewn tref sianti ar gyrion y ddinas honno. Eglurwch ym mha ffyrdd y maen nhw'n well eu byd ar ôl symud ac ym mha ffyrdd y mae eu sefyllfa'n waeth.

5. Dau o'r pethau sy'n poeni asiantaethau cymorth fel Cymorth Cristnogol ac Oxfam yw:

   • pobl sy'n gorfod byw mewn trefi sianti;
   • plant sy'n gorfod byw ar strydoedd y dinasoedd mawr.

   Ymchwiliwch i waith yr asiantaethau cymorth mewn perthynas â'r ddau grŵp hyn o bobl. Yna, ar sail eich ymchwil, ysgrifennwch adroddiad yn egluro'r gwaith a wneir, y llwyddiant a gafwyd hyd yma a'r gobeithion am y dyfodol.

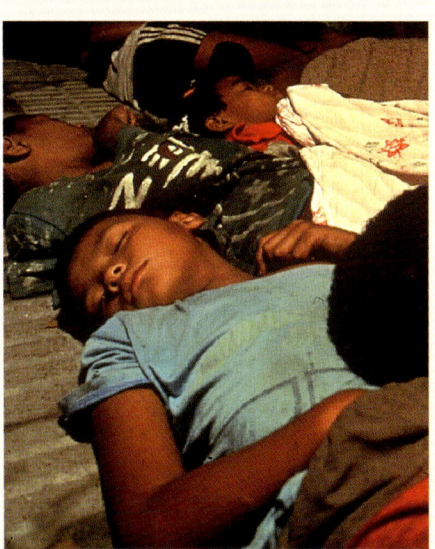

Yn gynnar yn 1999 dywedodd Cyfarwyddwr Gweithredol Rhaglen y Cenhedloedd Unedig ar HIV ac AIDS (UNAIDS) mai AIDS oedd y bygythiad mwyaf i barhad datblygiad byd-eang. Mae HIV yn bygwth lles cenedlaethol a datblygiad mewn amryw wledydd.

Y firws HIV sy'n arwain at AIDS, cyflwr difrifol lle mae amddiffyn y corff yn erbyn rhai afiechydon yn cael ei ddinistrio. Os caiff person ei heintio gan y firws HIV, bydd y firws yn raddol yn lluosogi yn y corff ac yn dinistrio gallu'r corff i ymladd afiechydon. Gall pobl sydd ag AIDS ddatblygu gwahanol fathau o afiechydon y byddai'r corff fel rheol yn eu hymladd yn iawn.

Un o'r ffyrdd y gall pobl gael eu heintio gan HIV yw drwy gael rhyw gyda phartner sydd eisoes wedi'i heintio. Ffordd arall yw drwy chwistrellu cyffuriau â nodwydd a ddefnyddiwyd eisoes gan rywun sydd wedi'i heintio.

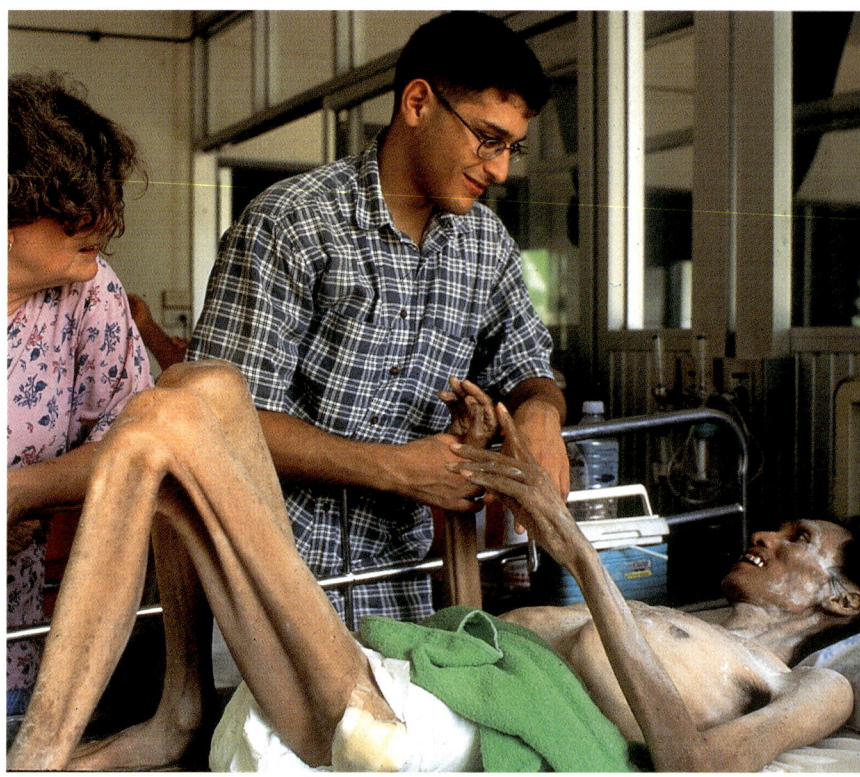

Gwirfoddolwr o America yn ymweld â chlaf sy'n dioddef o AIDS yn Thailand

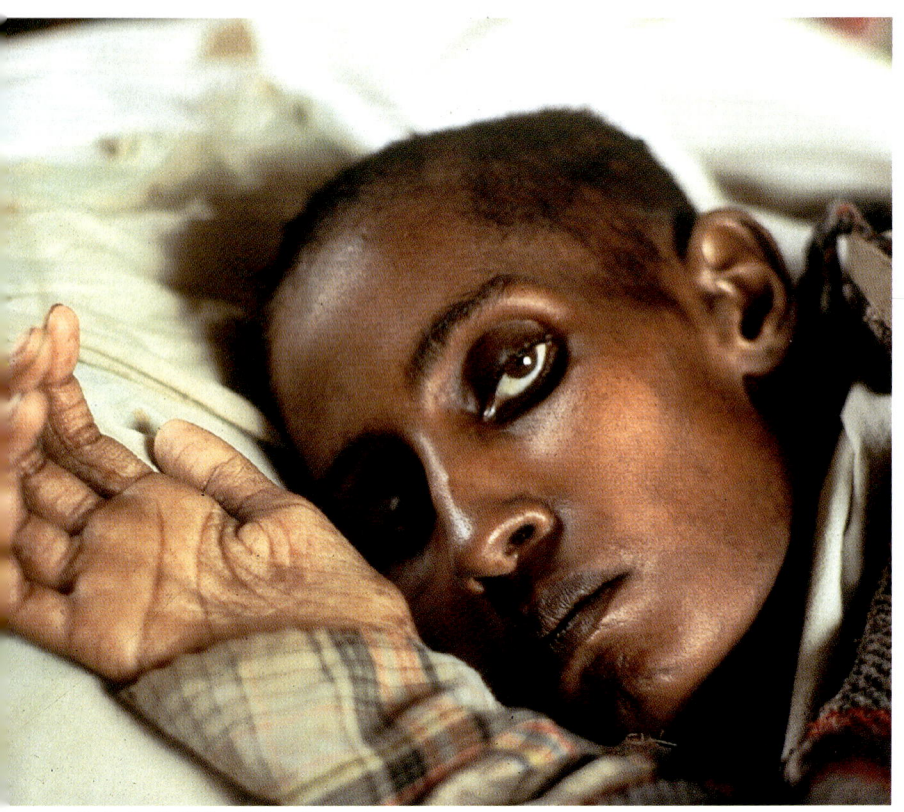

Claf sy'n dioddef o AIDS yn Tanzania

Yn 1998 roedd 30 miliwn o bobl â'r firws HIV. Yn 1997 bu farw mwy na 2 filiwn o bobl o ganlyniad i AIDS. Mae mwy na 90% o'r bobl sydd wedi'u heintio â'r firws yn byw mewn gwledydd sy'n datblygu. Yn 1998 amcangyfrifwyd bod 7 allan o bob 10 o'r bobl a heintiwyd â HIV o'r newydd yn byw yn Affrica i'r de o'r Sahara. Ymhlith plant o dan 15 oed roedd y gyfran yn uwch fyth – 9 allan o bob 10. O'r holl farwolaethau o ganlyniad i AIDS ers i'r epidemig gychwyn, mae 83% wedi bod yn y rhan hon o Affrica. Erbyn diwedd 1998 roedd mwy nag 20 miliwn o oedolion a miliwn o blant yn Affrica â'r firws HIV.

Os rhestrir gwledydd y byd yn ôl cyfraddau'r oedolion a heintiwyd â'r firws HIV (ffigurau 1998), gwledydd i'r de o'r Sahara yw'r 21 uchaf ar y rhestr. Yn 13 o'r gwledydd hynny heintiwyd o leiaf 10 y cant o'r oedolion, yn Botswana a Zimbabwe heintiwyd 25 y cant o'r oedolion. Y gyfradd ar gyfer y byd cyfan oedd 1 y cant o'r oedolion.

Un o'r ffactorau mwyaf sy'n achosi i AIDS ymledu'n gyflym yw tlodi. Mewn gwledydd tlawd mae anllythrennedd a diffyg gwybodaeth yn helpu i ledaenu'r firws HIV yn gyflym ac yn ei gwneud hi'n anodd gweithredu polisïau a allai leihau'r broblem. Hefyd, oherwydd diffyg adnoddau, ni all y gwasanaethau iechyd ymdopi â'r pwysau mawr a roddir arnynt gan HIV/AIDS.

Yn fwyfwy mae HIV/AIDS yn taro pobl ifanc. Amcangyfrifwyd mai pobl o dan 25 oed yw mwy na hanner y bobl sy'n cael eu heintio o'r newydd. Yma eto mae tlodi'n chwarae rhan.

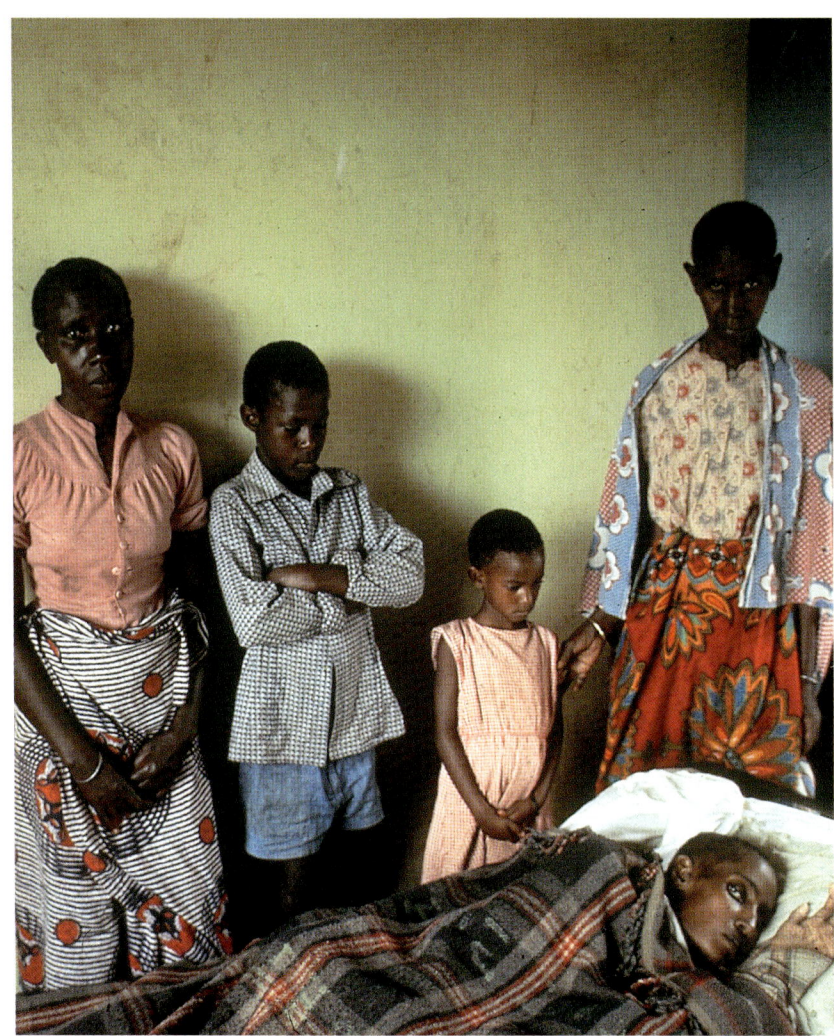

Yn y gwledydd yn Affrica i'r de o'r Sahara prin iawn yw'r teuluoedd nad yw AIDS wedi effeithio arnynt

Addysg yw'r ffordd orau i atal HIV/AIDS rhag ymledu – addysgu pobl ynglŷn â HIV/AIDS fel y gallan nhw osgoi'r peryglon. Mae hyn yn wir am wledydd datblygedig a gwledydd sy'n datblygu. Ond oherwydd ffactorau fel anllythrennedd a thlodi, mae'n anodd iawn cyflawni'r gwaith hwn mewn llawer o'r gwledydd sy'n datblygu. Felly mae'r broblem yn parhau – ac yn cynyddu.

Plant mewn ysgol yn Uganda yn cael gwers ynglŷn ag AIDS

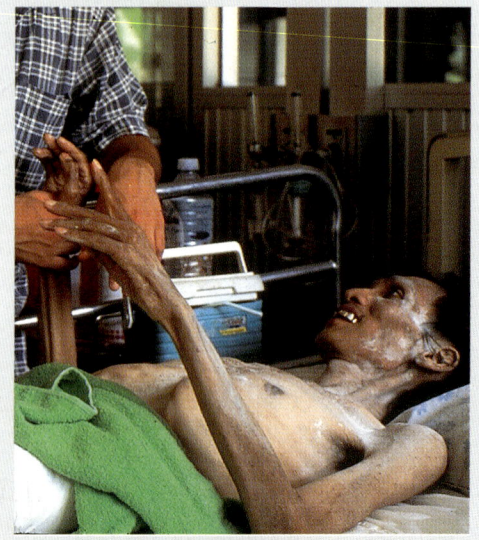

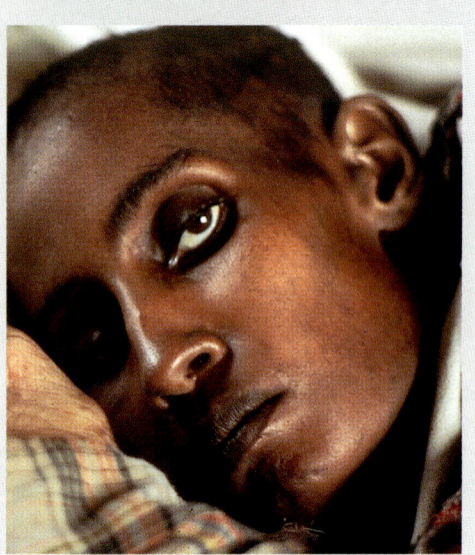

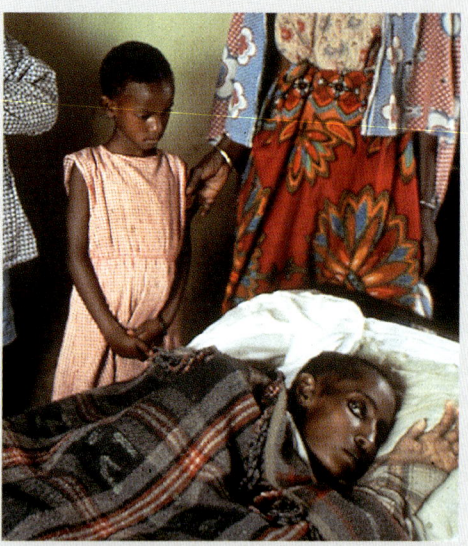

 Gweithgareddau

1. Lluniwch fap o Affrica gan nodi arno y gwledydd sydd i'r de o'r Sahara.

2. Yn ôl Cyfarwyddwr Gweithredol UNAIDS, gweithio gyda phobl o dan 25 oed yw'r gobaith gorau sydd gennym heddiw o reoli'r epidemig. Beth, yn eich barn chi, y mae'n ei olygu wrth ddweud hyn?

3. Dychmygwch eich bod yn cael y dasg o wella'r sefyllfa ynglŷn ag AIDS yn y byd.
   (a) Rhestrwch rai cynlluniau y byddech am eu gweithredu.
   (b) Yn achos pob cynllun a nodwyd gennych yn (a), eglurwch y problemau y byddech yn eu hwynebu wrth geisio'i weithredu.
   (c) Beth y gellid ei wneud i ddatrys y problemau a nodwyd gennych yn (b)?

4. (a) Lluniwch boster – yn Gymraeg – i'w ddefnyddio mewn ymgyrch i ledaenu'r neges ynglŷn ag AIDS. Cofiwch mai bwriad y poster yw denu sylw pobl a gadael argraff arnynt.
   (b) Cymharwch y posteri a luniwyd gan aelodau eich grŵp/dosbarth a dewiswch y tri gorau. Rhowch resymau dros eich dewis.

5. Mae'r broblem HIV/AIDS yn ymledu'n gyflym iawn yn Ne a De-ddwyrain Asia. Disgwylir y gallai pethau fod yn waeth yno ymhen amser nag a fu hyd yn oed yn Affrica. Awgrymwch resymau dros y disgwyliadau hyn.